Paul Gisi
Ausgebrannte Erleuchtung
Gedichte

Books on Demand

Bibliographische Information der Deutschen National-
bibliothek: Die Deutsche Nationalbibliothek verzeichnet
diese Publikation in der deutschen Nationalbibliographie,
detaillierte bibliographische Daten sind im Internet über
http://dnb.dnb.de abrufbar.

© 2017 Autor: Paul Gisi
Umschlagbild Ludwig Weibel
Herstellung und Verlag:
BoD – Books on Demand, Norderstedt
ISBN 9783743166608

Paul Gisi

Ausgebrannte Erleuchtung

Gedichte

*Für Ludwig Weibel
den Freund und Bruder
in Liebe und Dankbarkeit*

Ein tropischer Vogel
hat sich verirrt -

Bewusstseinsebenen
durchdringen sich

*

Du fliegst
von Ast zu Ast

leider bin ich nur
ein Totengerippe

*

Eine Wolfsspinne
schleicht sich an

Wahrnehmung
und Geist
finden sich

*

Du legst
deine Hand
auf meine
die

die Nachtstunden
werden tödlich

*

Angst quastenflosst
durchs Blut

sonst gibt es
nichts

*

Messeraale
im Atem

ausgebrannte
Erleuchtung -

*

Du streichelst
den gefiederten Körper
der Verwesung

im Nichts blüht
der violett gestreifte
Wiesenaugentrost

*

Krustenechsen
in den Träumen

die reine Essenz
des letzten Sinnes
ging verloren

*

Verzweiflung
hyänt
durch die Nacht

in den Begriffen
gibt es
nichts mehr zu schauen

*

Im dunklen Gehäus
in mir schreit's -

niemand hört's

*

Die Spiele
des Haselnussbohrers
in meinem Herzen

ich bin
eine verdorrte Raupe

*

Seinslust
tanzt
e i n s
mit der leeren Natur

*

**Gelassen
stehst du
vor mir**

T ä u s c h u n g

*

Die Rotbauchunke
flötet
liebesirr lebenstrunken

*

Ich verändere nichts
unterdrücke nichts

ich ziehe mich
an einen Ort zurück
den nur ich kenne

*

Untrennbar
sind Freude
und Einsicht

im Blättergezweig
raschelt's tödlich

*

Entstehen und Vergehen
strömen
ins grosse Meer des Nichts

*

Ein Wind
zerrupft den Baum

bin ich der Wind
oder der Baum?

*

Licht tanzt
zwischen Braue und Braue

komm
du
in meine Dunkelheit

*

Eine Rosenmöwe
verirrt sich
in meine Angst

*

Irrlichttrunken
sinke ich zu Boden

der Atem stockt
im Anfangundende

*

Ich brauche
weder Hand
noch Füsse noch Flügel
ich ströme
wesenlos
zu dir

*

Alles ist Tao
sinniert
der Diademseeigel

ich besteige
Buddhas Fahrzeug
und eile dir entgegen
farbenprächtiges Nichts

*

Ich ruhe aus
auf den Wellen
einer Sinfonie von Mozart

*

Die Nacht singt
die Liebe ruft

zu spät für mich

*

Alle Formen
sind Illusion

Betrachter und Betrachtetes
verschmelzen
im Erkennen
ins E i n e

*

Deine Augen
zwei Morphofalter

im letzten Atem
glüht das Blut

*

Im Tympanon
hockt geilend
ein Teufel

die Sonne
verbrennt alles

      *

Einen Freund
zu haben

gegenwärtig
im Raum
im Raumlosen

*

Ausgebrannt
die letzte Hoffnung

ich wanke
abgrundwärts

*

Erloschen
die Glut des Lebens

es gibt kein Morgen mehr

*

Das letzte Wort
wurde zu Gift
das mich lähmt

*

Es wuchert
Untergang in dir

zähle die Stunden nicht

*

Da stehst du
vor mir
Illusion
zerfasert und nackt

*

Die Nacht
verschmilzt
mit der Glut

ich denke
an dich

*

Im Zwölffingerdarm
kriecht Tod

noblesse oblige

*

Weihrauch
im Hämoglobin

als würde es
was nützen

*

Wir befragen uns
über die Dauer

derweil Todesfinger
uns spaltet

      *

Giftpilze
breiten sich
in deinem Kopf aus

- ich küsse dennoch
deinen Mund

*

Tausendrissig
die Zunge

da wird
kein Wort
mehr möglich

*

Pestilenzialisch
der Atem

ich falle
in die Hölle

*

Blutfetzen

ein Wolf
hat mich gerissen

*

Niemand
rettet mich
im Höllensturz

*

Ein vereinsamter Igelfisch
im Korallenriff der Angst
weiss nicht mehr
aus und ein -

komm Freund
in m e i n e Verlorenheit

*

Ich tauche ein
ins Wasser
von Meditation
und Nicht-Meditation

in die ichlose
transzendente
Einigkeit
der Wirklichkeit

*

Ein Quetzal*
der Mayas
hat sich
in mein Herz verirrt

in den Feuerkreis
der Sehnsucht

* Ein südamerikanischer Vogel mit rotem Bauch und einer grünen Schwanzschleppe, die über einen Meter lang sein kann.

*

In deinen Augen
wohnt der Blitz
auf deiner Zunge
rollt der Donner

über deine Lippen
tanzt die Schlange

die Welle vergeht

*

Die Sonne
versinkt
in den Vogelkehlen

Nacht fingert
nach mir

fern
- so nah -
schweigt das All

*

Ausgebrannt -
nichts zählt mehr

du kommst dennoch
immer wieder
zu mir

*

Violinschlüsselschlank
tanzt du
in meinen Händen

das Liebeswort
verbrennt

*

Mikrobenklein
wuseln wir
durch die Jahrtausende

ich lache
ich weine

- halte deine Hand

*

Du atmest
die Wolken
der Verblendung
verdunkelte Erkenntnis

Geist blüht
im Herzen auf

*

Du hüllst dich
in Schweigen

in die dunkle Wolke
des Nichtwissens*

* Nach dem Mystiker Johannes vom Kreuz

*

Ich öffne
den Brief
der Leuchtenden Seefeder

ich antworte
dir bald
in Millionen von Jahren

*

Das Gespensterkrebschen
flüchtet in meine Höhlen

bei mir
geschieht dir nichts

*

Weiser Kranich
ich singe dich

glückselig
in diesem Leben
und im zukünftigen

*

Alle Phänomene
im Kreislauf
der Existenzen
- dies zu erkennen
reicht mir dieser Morgen
in den Wahnvorstellungen
im Gaukelspiel
der Imagination

*

In der Vervollkommnung
gewahre ich das Viele

- e i n s
in deiner Hand

*

Lass alles fliessen
ohne Vorstellungen -

dunkel
verzögert sich
der Atem

*

Körperhaft
die Erscheinungen
und die Leere -

der Geist strebt
ins Nichts

*

In den Höhlen
des Korallenriffs
steigt das Flötenspiel auf

unsre Körper
sind zwei Töne
im tiefen Schlaf
der Dunkelheit

*

In den verschatteten
Herzkammern
stürmen
die Visionen

fiedernervige Geheimnisse
unterm Sichelmond
tanzen

Im gleichen Verlag – bei BoD Books on Demand, Norderstedt, Deutschland – wie **„Lichthin in deinen schwarzen Pupillen"** ist von Paul Gisi erschienen:

„Nächte des Knurrhahns", Aphorismen, Fantasien, Briefe, 108 Seiten, 2015

„Auf deinen Fingerbeeren tanzt das Weltall", Liebesgedichte, 235 Seiten, 2016

„Oleivo der Maler", Passagen aus einem Künstlerleben, 84 Seiten, 2016

„Simon der Dichter", Teilsichten aus einem Künstlerleben, 104 Seiten, 2016